QUARANTE

CHANSONS MILITAIRES

DE ROUTE

30,846

QUARANTE
CHANSONS MILITAIRES
DE ROUTE
PAR UN AMI DU SOLDAT

SE VEND AU PROFIT DES ŒUVRES MILITAIRES

AU PUY

CHEZ M. BÉRARD, | CHEZ M. FREYDIER,
LIBRAIRE-ÉDITEUR. | IMPRIMEUR.

1878

Tous droits réservés.

LE PUY. — IMPRIMERIE J.-M. FREYDIER.

Ce chansonnier a été fait uniquement pour des soldats. L'auteur le livre à la publicité non comme une œuvre littéraire, mais comme une œuvre pratique dont les résultats peuvent être immenses. Il s'est efforcé d'être gai sans blesser les mœurs et sans rencontrer la bêtise, de parler du métier militaire et de ses peines, sans le rendre odieux, cherchant même à le faire apprécier et aimer. — Aura-t-il réussi ? C'est au public de répondre.

Quoi qu'il arrive, outre le mérite de la bonne volonté, l'auteur aura encore celui d'avoir montré le chemin, et il aurait fait beaucoup si un poëte et un musicien de talent daignaient entrer par la porte qu'il vient d'ouvrir et remplacer ce travail imparfait par un travail à tous égards irréprochable.

Parmi les quarante chansons que contient ce recueil, quatre ont été prises dans le domaine public, et il a été impossible d'en connaître les auteurs, malgré de sérieuses recherches; cinq viennent de Nantes.

M. Aimé Giron, du Puy, le poëte si connu et plusieurs fois couronné, a fait *la Pipe, Pour un sou, le Zouave, le Drapeau, Dieu et Patrie.*

M. Louis Pascal, soldat au 98ᵉ, a composé *Jeannot s'en-va-t-en guerre, la Gamelle de Bridouille, Chez la bonne Vieille, le Chouet sergent, l'Artilleur, le vieux Clairon.* Il sera facile de comprendre, en lisant ces chansonnettes, qu'il y a chez ce jeune homme toute l'étoffe d'un poëte.

On voit que si le plan, le thème et le polissage appartiennent à l'auteur, le travail est loin d'être tout entier sien. Mais peu importe, pourvu que le bien soit fait.

Les compositeurs des airs adaptés aux chansons sont si nombreux que, ne pouvant les nommer tous, il vaut mieux n'en nommer aucun et se contenter de leur payer sa dette par un sincère merci.

Pour peu que cette édition ait du succès, une nouvelle ne tardera pas de la suivre. On pourra la rendre plus littéraire, plus musicale et même plus militaire.

QUARANTE CHANSONS MILITAIRES DE ROUTE

N° 1.
Le Départ.

Adieu ! ma bonne mère,
Adieu ! le tambour bat :
Puisqu' je suis militaire,
Faut que j' fass' mon état.
Quand j' r'viendrai de la guerre,
J'aurai bien soin de toi,
Et l' bon Dieu, je l'espère,
Te gardera pour moi.
Et ran plan plan plan plan plan plan, }
Et ran plan plan, tambour, en avant ! } *bis.*

M'sieu l' curé, j' viens vous faire,
En partant, mes adieux :
Si quelque militaire
Vient vous dire en ces lieux,
Qu'il a vu mourir Pierre,
Pour la France et sa foi,
Ne l' dit's pas à ma mère,
Mais priez Dieu pour moi.
Et ran plan plan.....

L' sac sur l' dos, vers la plaine,
Amis, pressons le pas ;
Je sais qu' ça fait d' la peine,
Mais nous sommes soldats.
Dans ces instants d'alarme,
Pour chasser le chagrin,
Renfonçons une larme
Et chantons le refrain :
Et ran plan plan......

Le cœur gros, l'œil humide,
L'habitant du hameau
S'en va, d'un pas rapide,
Franchissant le coteau.
Bientôt, dans la vallée,
Il disparaît soudain ;

Et sa mère éplorée
N'entend que ce refrain :
Et ran plan plan.....

N° 2.
Le Conscrit du Finistère.

J' suis né natif du Finistère ;
A Saint-Pol je reçus le jour :
Mon pays c'est l' plus beau d' la terre,
Mon clocher l' plus haut d'alentour ;
  Aussi j' l'aimais,
  Je l'admirais,
Et tous les jours qu' Dieu faisait,
  Je m' disais :
 Que j'aime ma bruyère⎫
 Et mon clocher à jour !⎬ *bis.*

Mais quand on m' dit que, pour la guerre,
Fallait quitter ce beau séjour,
Ma métairie et mon vieux père,
Et partir au son du tambour ;
  Dam ! je leur dis net :
  Ah ! n'entends quet !

Ah ! n'entends quet, n'entends quet !
  N'entends quet !
 J'aime mieux ma bruyère ⎫ *bis.*
 Et mon clocher à jour ! ⎭

J'avais beau me mettre en colère
Fallait ben obéir toujours ;
A mes plaintes, à ma prière,
Les méchants, ils faisaient les sourds ;
  Puis se riaient
  Et se moquaient,
Et me disaient : Yvonet, n'entends quet !
  N'entends quet !
 Faut quitter ta bruyère ⎫ *bis.*
 Et ton clocher à jour ! ⎭

En dépit de moi, militaire,
A l'exercice tous les jours,
J'enrageais sans comprendre guère
Leur gauch' leur droit' leur demi-tour.
  Aussi j' tournais
  Comm' je pouvais,
Tout en m' virant, malgré moi,
  Je cherchais
 A revoir ma bruyère ⎫ *bis.*
 Et mon clocher à jour ! ⎭

La gamell' ne m' profitait guère,
Et j' dépérissais d' jour en jour ;
En marche, j' restais en arrière,
M'arrêtant à chaque détour ;
    Puis je pleurais,
    Et m' répétais :
Qui t'aurait dit, Yvonet,
    Que tu mourrais,
Sans revoir ta bruyère ⎫ *bis.*
Et ton clocher à jour ! ⎭

A c' garçon-là n'y a rien à faire
Qu'un bon congé, c'est le plus court,
Dit l' médecin, car au cim'tière
Il s'en va, grand train, chaque jour.
    Aussitôt fait,
    Comme il disait :
V'là ton congé, l'ami, fais
    Ton paquet ;
Va revoir ta bruyère ⎫ *bis.*
Et ton clocher à jour ! ⎭

Adieu l'armée, adieu la guerre,
Adieu fusil, adieu tambour,
J' fus bientôt dans mon Finistère ;
Le beau jour que c'lui du retour !

Ah! dam, j' riais,
Et puis j' pleurais,
Et puis j' courais, puis j' sautais,
Puis j' dansais!
J' revoyais ma bruyère } *bis.*
Et mon clocher à jour! }

N° 3.

Jeannot s'en va-t-en guerre.

Jeannot s'en va-t-en guerre,
Adieu! la mère;
Ne sait quand reviendra,
Si tu r'verras
Ton gas?

1ᵉʳ REFRAIN.

Non! fallait pas *(bis)* qu'y aille!
Non! fallait pas *(bis)* y aller!

2ᵉ REFRAIN.

Oh! que c'est beau *(bis)*, l'état militaire!
Oh! que c'est beau *(bis)*, l' métier de soldat!

Je pars sur mes deux jambes,
   Oh! bien ingambes :
Ne sais si, par là-bas,
   Je perdrai pas
      Mes bas!

Ma valise est complète
   Et fort bien faite :
Deux chemis' un mouchoir.
   Mère, au revoir,
      Bonsoir!

Ma malle est un peu chiche,
   Je suis pas riche.
L'Etat m'habillera,
   Et qui vivra
      Verra!

Voici veste et capote,
   Trousse et culotte,
Ta pair' de godillot
   Et ton shako,
      Jeannot.

Comme Jeannot s'habille!
   Oh! comme il brille!
Jamais n'eut de trousseau,

Dans son hameau,
Si beau !

Aussi, comme on m'admire,
Je puis le dire !
On me trouve bon air,
Et j'en suis fier,
C'est clair.

Ai-j' pris à la cuisine
Ma bonne mine ?
Mère, toujours est-y
Qu'il s'embellit
Ton p'tit.

Je vis dans l'abondance
Et la bombance ;
Et, sur ma planche à pain,
J'avons du pain
Tout plein.

C'est vrai que l'exercice
Est un supplice :
Il deviendrait trop gras,
S'il trottait pas,
Ton gas.

Je prends de la tournure
Et de l'allure :

Mère, on ne marche pas
    Mieux que ton gas,
      Au pas.

J'avons pris des manières
    Tout's militaires.
Va! l'on se dégourdit
    Et l'on s'instruit,
      Ici.

Dans quelque temps, j'espère,
    Ma bonne mère,
T'auras un bien plus beau
    Et moins nigaud
      Jeannot.

N° 4.
Les Biscuits.

Vive l'état militaire !
On s'y bourre d'un bon fruit
Qui ne croît qu'en cette terre,
Et se nomme le biscuit.
Le biscuit est à la mode :
Maudit soit qui s'incommode
De ce délicat produit
Qu'on ne mange qu'à grand bruit.

Des trésors de la nature
La merveille est le biscuit ;
S'il a la chair un peu dure,
En revanche il est bien cuit.
Mais, gare à la dent hardie
Qui veut le prendre à partie !
Pour *boulotter* un biscuit,
La gencive vous en cuit.

Mais, bah ! les gens de bataille
Ont si pressant appétit
Qu'en dépit de la mitraille,
Ils démontent le biscuit.
Le biscuit, c'est l'hygiène
Qui de sang remplit la veine ;
L'on devient joli petit
Quand on mange du biscuit.

Ce sont les biscuits qui viennent
Nous régaler le lundi ;
Mardi, les biscuits reviennent,
Sans manquer. le mercredi ;
Fidèles à leur système,
Jeudi, on les voit de même ;
Et toujours file sans bruit
La navette du biscuit.

Et puis, quand la langue est sèche
Et qu'on trotte jour et nuit,
Dans un bon verre d'eau fraîche
Une tranche de biscuit,
C'est ça qui vous rassasie !
Ça qui vous remet en vie !
Ah ! vive, vive le fruit
Qui se nomme le biscuit !

C'est un vivre de réserve,
Il a bien son agrément :
En voyage il se conserve
Et dure indéfiniment.
Mais gare ! pour la colique
Le biscuit vaut la clinique ;
Quand on prend trop de ce fruit,
La machine fait du bruit.

N° 5.
La Gamelle.

Amis, chantons ce plat
Qu'on nomme la gamelle,
Délices du soldat,
Incomparable écuelle;

Où l'on trouve à foison
Appétissant potage,
Navet, chou, potiron,
Et *grive* sans plumage.

1ᵉʳ REFRAIN.

Signe de ralliement,
Précieuse gamelle,
Mère du régiment,
Sois-nous toujours fidèle.

2ᵉ REFRAIN.

Sans la gamelle,
Non, point de zèle;
Car ce bon plat
Fait le soldat.

Quatre morceaux de pain,
D'une épaisseur de tôle,
S'y poursuivent en vain ;
Leur lutte est assez drôle :
Chacun d'eux librement,
Voyageur intrépide,
Se promène gaîment
Dans le bouillon limpide.

Ce bouillon n'a pas d'yeux,
C'est vice d'origine :
Un cuisinier, le gueux !
Lui donna cette mine.
Mais il est à point fait ;
C'est de bonne hygiène,
Et l'estomac défait
Le prend sans trop de peine.

Dans ce même bouillon,
Le navet se prélasse
A côté de l'oignon
Qui lui cède la place ;
Lorsque, soudain, du fond,
Accourt à la surface
Le chou, rugueux trognon,
Qui, fier, en haut se place.

Seul, en un coin perdu,
Le bœuf reste immobile,
Et l'instrument pointu
Que guide un doigt habile
Va le chercher au fond.
Avec peine il l'amène...
Pour un ventre profond,
Dieu ! quelle triste aubaine !

Si nous disions un mot
De la pomme de terre,
Qui s'ajoute au fricot ?
Mais, faut pourtant nous taire....
Vous tous, qui des soldats
Nous vantez la gamelle,
Venez à leur repas,
Et *tâtez* de l'écuelle.

N° 6.
La Gamelle de Bridouille.

Chez lui Bridouille allait aux champs ;
Il trouvait la chose fort belle :
Son vingt-unième printemps
Lui fit connaître la gamelle.
En arrivant au régiment,
Il pleurait un peu son village ;
Mais il l'oubliait cependant,
Le soir, en mangeant son potage.

REFRAIN.

Car, ce qui rend la mine belle,
C'est la gamelle, c'est la gamelle !
Et l'on mange toujours gaîment
La gamelle du régiment.

Bridouille, au son du chalumeau,
Dansait souvent sur la bruyère ;
Mais les rondes de son hameau
Par ici ne se dansent guère.
Au bal où mène le clairon,
Il se fatiguait davantage.
Mais il chantait comme un pinson,
Le soir, en mangeant son potage.
  Car, ce qui rend, etc.

Bridouille avait fort à souffrir :
Les anciens lui *tournaient la chique*.
Sur sa giberne, sur son cuir,
Il mettait trop peu d'encaustique.
On le flanquait dedans souvent,
Pour l'instruire sur l'asticage.
Mais il oubliait l'accident,
Le soir, en mangeant son potage.
  Car, ce qui rend, etc.

Chez le major, chaque matin,
Bridouille allait tirer la langue ;
Mais le major, qu' était malin :
Sors, dit-il, ou gare la cangue !
Bridouille s'en allait penaud,
Comme un coq privé de plumage.

Néanmoins il chantait tout haut,
Le soir, en mangeant son potage.
   Car, ce qui rend, etc.

Pourtant, malgré tous ces ennuis,
Bridouille nageait dans la graisse.
Il paraît que, dans son pays,
Son estomac criait détresse...
L'ordinaire du régiment
Valait les choux de son village,
Et le gas était si content !
Le soir, en mangeant son potage.
   Car, ce qui rend, etc.

N° 7.
Le Métier militaire.

Le jour où j'ai tiré au sort,
  J' fus pris pour militaire :
J'étais crâne, j'avais grand tort,
  Car j' ne puis pas m'y faire.

Oh ! il m'en souviendra,
  La rira,
Du métier militaire *(bis)*.

En arrivant au régiment,
  J' trouvai bien solitaire
La chambrée, où chacun s'apprend
  A vivre à sa manière.
    Oh! il m'en souviendra....

L' sergent me montra dans un coin
  Un lit de monastère ;
J'aurais mieux dormi dans le foin
  D' la grange de mon père.
    Oh! il m'en souviendra....

Le métier de porte-shako,
  Oh! ça rapporte guère !
Il est bien pesant le bib'lot!
  Hélas! oui, mais qu'y faire !
    Oh! il m'en souviendra....

Puis, le labeur de chaque jour
  Commença ma galère.
Depuis lors, au son du tambour,
  Je porte ma misère.
    Oh! il m'en souviendra....

Toujours debout, toujours sur pied,
  Toujours bon à tout faire ;

Après le fusil, le balai
  Ou les pommes de terre.
    Oh! il m'en souviendra....

Réclamez un peu de repos,
  L'on a, pour se refaire,
Quelque autre tuile sur le dos,
  En guise de salaire.
    Oh! il m'en souviendra....

Quelquefois, quand on a raison,
  L'on se met en colère :
L' caporal vous dit : Nom d'un nom,
  Voulez-vous bien vous taire !
    Oh! il m'en souviendra....

Puis, pour changer de logement,
  La boîte hospitalière
Vous offre pour plus d'agrément
  Une fraîche litière.
    Oh! il m'en souviendra....

Si l'on pouvait se rattraper
  Du moins sur l'ordinaire,
Et se servir un bon souper
  Chez notre cuisinière !
    Oh! il m'en souviendra....

Mais l' bœuf pas plus que le bouillon
   Font fort peu mon affaire ;
Billou le mange sans façon,
   Moi, c'est tout le contraire.
      Oh ! il m'en souviendra....

L' jour où j'aurai mon passe-port,
   J' dirai : Vive la guerre !
Mais, si l'on m'y revoit encor,
   C'est sûr que l'on m'enterre !
      Oh ! il m'en souviendra....

N° 8.
Asticage et Corvée.

   Travaillez,
   Dépêchez :
Mettez l'asticage
Sous le martinet ;
Avec le cirage,
Ça fait bon effet.
   Travaillez,
   Dépêchez :
Faut que le zouzou étrille
Et que le fourniment brille.
   Travaillez,
   Dépêchez,

Travaillez.
Dépêchez :
Prenez la *patience*
Et le tripoli ;
Frottez en cadence,
Faites du poli.
Travaillez,
Dépêchez :
Sur le cuir passez la brosse,
Puis vous nettoîrez la crosse.
Travaillez,
Dépêchez.

Travaillez,
Dépêchez :
Déjà la vareuse
Compte plus d'un trou,
Affaire ennuyeuse,
Quand on est pioupiou.
Travaillez,
Dépêchez :
Vite, enfilez votre aiguille
Pour coudre votre guenille.
Travaillez,
Dépêchez.

    Travaillez,
    Dépêchez :
Voici la gamelle
Qu'il vous faut porter
A la sentinelle,
Et sans plus tarder.
    Travaillez,
    Dépêchez :
Puis, revenez au plus vite
Pour surveiller la marmite.
    Travaillez,
    Dépêchez.

    Travaillez,
    Dépêchez :
C'est bien indigeste,
Signer le rapport,
Et le nez proteste,
Ça sent un peu fort !
    Travaillez,
    Dépêchez :
Bah ! pas de délicatesse.
Tout métier a sa noblesse.
    Travaillez,
    Dépêchez.

Travaillons,
Dépêchons :
Cousons la culotte,
Cirons le soulier,
Brossons la capote,
Faisons tout métier.
Travaillons,
Dépêchons.
Sous le regard de la France,
Appuyés sur l'espérance,
Travaillons,
Dépêchons.

N° 9.

L'Astiqueur.

Oui, mes amis, astiqueur je veux être,
Voilà ma gloire, et point n'en cherche ailleurs :
Pour astiquer, le bon Dieu m'a fait naître,
Et je n'ai point de passe-temps meilleur.
Je le confesse, astiquer me fait vivre ;
Pour astiquer, point de morte saison ;
A l'asticage, en tout temps, je me livre,
Et ma gaité me vient de mon bouchon.

On me renomme, et, dans ma compagnie,
Nul mieux que moi ne polit un discours ;
Et ma giberne est un trait de génie :
Pour l'admirer, les instants sont trop courts !
De mon vernis, oh ! plus d'un s'extasie :
Comme c'est frais ! comme c'est beau, dit-on !
Mais, si parfois s'endort ma poésie,
Je la réveille au bruit de mon bouchon.

Oui, mes amis, l'astiqueur est un sage ;
Il est orné comme un lys, au printemps.
De l'inspecteur il brave le passage,
Mon fourniment brille par tous les temps.
Aussi, voyez-le, un jour de revue,
Se redressant à la voix du clairon :
Comme il se drape en sa noble tenue !
Comme il est fier et bénit son bouchon !

Ainsi parlait un vieux grognard morose,
Qui du vernis possédait les secrets.
Au régiment on le nommait *la Rose*,
Et ses lauriers sont changés en cyprès.
Sur sa poitrine, hélas ! sa tête plie ;
Plus d'asticage, hélas ! plus d'oraison ;
Mais, en mourant, son devoir il n'oublie,
Sa main tremblante agitait son bouchon.

Il astiquait, et la mort est venue ;
La mort jalouse a donc pris l'astiqueur ;
Mais l'encaustique au ciel est inconnue ;
L'éclat terrestre est, hélas ! bien trompeur.
De cent flacons faisons une hécatombe,
Consacrons-lui la bachique oraison ;
De sa giberne illuminons sa tombe,
N'oublions pas son immortel bouchon.

N° 10.
Le Métier rend sage.

J'étais, dans mon village,
Le plus sauvage,
Vivant en garnement
Et me battant
Souvent.

REFRAIN.

Je suis bien dégourdi,
A ce qu'on dit,
Ma foi ! tant pis.

Ravageur intrépide,
Sans frein ni bride,
J'allais au potager,
Puis au verger,
Manger.

Ami de la chopine,
   Chez la voisine,
J'avais pris mon logis,
   Et l'on m'y vit
     Tout gris.

Aussi, j'étais peu sage,
   Et, au village,
On me nommait partout
   Loup, lougarou,
     Filou.

Je partis pour la guerre,
   Gai militaire,
Croyant qu'au régiment
   Bien d'agrément
     L'on prend.

Je m' trompais, c'est notoire ;
   Oh ! quel déboire !
Je n'étais plus chez moi ;
   Je me tins coi,
     Ma foi !

     REFRAIN.
Je suis moins dégourdi,
   A ce qu'on dit :
     J' suis converti.

C'est pas mon caractère
 D'êt' militaire.
Je vis bien mon écart;
 Mais c'était par
  Trop tard.

Moi qu'ai la tête dure,
 De ma nature,
Il fallut filer doux
 Et plier sous
  Le knout.

Ah! ce n'est plus pour rire,
 Je puis le dire,
Et c'est peu de mon goût,
 Quand on me *fout*
  Au clou.

Pour faire la maraude,
 C'est pas commode :
Je ne suis pas si sot,
 Je risque trop
  Ma peau.

Adieu! mes goûts nomades,
 Mes promenades!
Un vrai collier de chien,
 Hélas! me tient
  Trop bien.

Si j' reviens au village,
J' serai plus sage,
Car, de m'être engagé,
Ça m'a changé,
Rangé.

N° 11.
La Guérite.

Debout! soldat, l'arme au bras,
Debout! c'est ton tour de garde.
La guérite attend là-bas ;
Voilà ta prison, regarde!
Dans trois planches enfermé,
Il faut veiller tout armé.

REFRAIN.

Gai! gai! gai! faisons le guet!
 Et vive la guérite!

Vois, tu n'as pas d'autre abri
Contre la neige qui tombe ;
Ton devoir te cloue ici
Comme un cadavre en sa tombe ;
Consigné dans ta cloison,
Il faut veiller, pauvre oison !

 Gai! gai! gai! etc.

Deux longues heures encor !
Deux heures de ce supplice !
Je veux bien, mais je crains fort
Que le froid ne m'engourdisse !
Tiens l'œil ouvert, cependant,
Ah ! soldat, sois vigilant.
    Gai ! gai ! gai ! etc.

La consigne est de rigueur ;
Il faut veiller, sentinelle.
Soldat, au poste d'honneur,
Malgré tout, reste fidèle.
Quel beau devoir est le tien,
Du pays noble gardien !
    Gai ! gai ! gai ! etc.

Un jour, devant l'ennemi,
Il faudra veiller peut-être.
Ce jour-là, sois fort, ami,
Car qui s'endort est un traître.
De ton pays, de ta foi,
Sentinelle, souviens-toi.
    Gai ! gai ! gai ! etc.

Ne crains rien, je sais souffrir
Pour mon Dieu, pour ma patrie :

Je suis prêt, je puis offrir,
Quand il le faudra, ma vie.
Oh ! mon devoir, je le sais ;
Quand je veille, dors en paix.
    Gai ! gai ! gai ! etc.

Je veille sur la cité,
Je veille quand tout sommeille,
Humant l'air de tout côté,
A tout bruit prêtant l'oreille ;
Prêt à m'écrier : holà !
Ou : qui vive ! halte-là !
    Gai ! gai ! gai ! etc.

Tantôt un soleil de plomb
Darde ses feux sur ma tête ;
Tantôt souffle l'aquilon
Promenant neige ou tempête...
Et pourtant, le dos au mur,
Il faut rester là; c'est dur !
    Gai ! gai ! gai ! etc.

Guérite, je suis ingrat
Et j'épanche trop ma bile.
Qu'on dise ce qu'on voudra,
Tu m'es parfois fort utile ;

Et, sans ton abri, morbleu!
Je me noîrais, quand il pleut!
Gai! gai! gai! faisons le guet!
Et vive la guérite!

N° 12.
Un Sou par jour.

Il faut partir. — Conscrit, en avant! arche!
Ta pauvre mère est là sur le chemin,
Et ton curé, vieux comme un patriarche,
Vient embrasser et bénir son gamin.
Voici la porte, où, debout sur la marche,
Est ta promise, un mouchoir à la main.
Il faut partir. — Conscrit, en avant! arche!
    Tout cela pour un sou!
    Le fusil sur le cou,
    Devenir tourlourou,
      Pour un sou.
  Plan! plan! rataplan! — pour un sou!

Un sou par jour! — Conscrits, à l'exercice!
Matin et soir, tête droite! arme bras!
Manger gamelle ou salle de police!
Devenir maigre en faisant toujours gras!

On se noie ? hop ! On brûle ? de service !
Brossés pourtant, comme des magistrats,
Plan ! rataplan ! — Conscrit, à l'exercice !
    Tout cela pour un sou.
    Vivre de soupe au chou,
    Souvent coucher au clou,
    Pour un sou,
Plan ! plan ! rataplan ! — pour un sou !

Un sou par jour ! — Conscrits, levez la nappe !
Le sac au dos ! le fusil à l'orteil !
Hop ! en avant, de l'étape à l'étape,
Avec la neige ou sous le grand soleil :
Sur le biscuit l'appétit se rattrape,
Et dans le foin redouble le sommeil.
Plan ! rataplan ! — conscrits, levez la nappe !
    Tout cela pour un sou.
    Nous allons n'importe où,
    De Marseille à Moscou,
    Pour un sou,
Plan ! plan ! rataplan ! — pour un sou !

Un sou par jour ! — Mes soldats, croisez ette !
La guerre arrive et souffle à pleins clairons ;
Songez à Dieu comme à la maisonnette,
Pour mieux vous battre et mourir en lurons.

Le fusil fait un bruit de castagnette
Et vous frappez en rudes bûcherons.
Plan ! rataplan ! — Mes soldats, croisez ette !
    Tout cela pour un sou !
    La balle fait un trou ;
    L'on meurt sur un genou.
    Pour un sou.
Plan ! plan ! rataplan ! — pour un sou !

Un sou par jour ! — soldats, reposez arme !
Il en reste un où l'on vous comptait trois ;
C'est de la gloire, allez, que ce vacarme !
Vive la France et son peuple et ses rois !
Pour une jambe, un bras, vite une larme ;
Mais, à jamais, sur le cœur une croix !
Plan ! rataplan ! — Soldats, reposez arme !
    Tout cela pour un sou !
    Un mollet d'acajou,
    Et la croix, cher bijou,
    Pour un sou.
Plan ! plan ! rataplan ! — pour un sou !

Il faut rentrer ! — Soldat, à ta valise !
Du doux village a pointé le clocher ;
Et ton curé t'attend près de l'église ;
Ta bonne mère, elle, n'a pu marcher,

Pleure, t'embrasse, et de loin ta promise,
Rouge, t'admire et n'ose s'approcher.
Il faut rentrer! — Soldat, à ta valise!
    Tout cela pour un sou!
    Turco, chasseur, zouzou,
    Vive le tourlourou!
    Pour un sou.
Plan! plan! rataplan! — pour un sou!

N° 13.

Le Tourlourou.

    Gai pioupiou,
    Sans le sou!
Qui, dans un régiment,
A le plus d'agrément,
Et, sans avoir un sou,
S'amuse comme un fou?
   C'est le tourlourou.

    Gai pioupiou,
    Sans le sou!
Qui sait, dans le malheur,
Garder sa bonne humeur,

Qui s'amuse partout,
A part pourtant au clou ?
C'est le tourlourou.

Gai pioupiou,
Sans le sou !
Qui sait, quand il a faim,
Se contenter de pain,
Manger la soupe au chou,
Boire de l'eau surtout ?
C'est le tourlourou.

Gai pioupiou,
Sans le sou !
Qui sait ne pas dormir,
A ses chefs obéir ?
Qui sait s' passer de tout ?
Et parfois s' permet tout ?
C'est le tourlourou.

N° 14.
N'en faut pas trop.

REFRAIN.

C'est à boire, à boire, à boire, } bis.
C'est à boire qu'il nous faut !

Bacchus, d'ivrogne mémoire,
Nous fit un traître cadeau :
Si l'on eût voulu l'en croire,
Il aurait supprimé l'eau.

Il est permis qu'on s'arrose
Le gosier de vin nouveau ;
Mais, pris à trop forte dose,
Ce vin brouille le cerveau.

Ma foi, rien n'est plus difforme,
Croyez-le, ce n'est pas beau,
Quand on porte l'uniforme,
Et qu'on boit un coup de trop.

Qu'on boive, ça se pardonne,
En tirant son numéro ;
Mais qu'à ce vice on s'adonne,
Une fois troupier, c'est sot.

Mon Dieu, si le vin vous tente,
Prenez du moins le beau lot ;
A l'abri d'une patente,
Ayez Champagne ou Porto.

Mais, s'enivrer de piquette
Ou de vin tout plein de chaux !

Je trouve la chose bête,
Veuillez me passer le mot.

Croyez-vous qu'on monte en grade,
En vivant sous le tonneau ?
Plus souvent l'on rétrograde,
Et l'on passe pour nigaud.

Connaissez-vous Brisemaille,
Ce *trou* qui déteste l'eau ?
Hélas ! souvent il déraille,
Et le vin le rend capot.

Son *copain* est capitaine
Et n'a plus le sac au dos.
Lui, toujours traîne la chaîne,
On l'appelle le *saoûlo*.

Laissons le vin à l'ivrogne,
Puisque c'est son dernier mot ;
Laissons-le rougir sa trogne
Et se fêler le cerveau.

Nous, suivons l'avis du sage :
Peu de vin et beaucoup d'eau ;
De retour dans le village,
Nous aurons le nez plus beau.

N° 15.
La Pipe.

Il fallut quitter mon village,
Mes prés si verts, mon ciel si bleu — euh !
Et mon clocher dans le feuillage,
La sentinelle du bon Dieu — euh !
Le tambour bat : l'on doit se taire ;
Je me retourne et les revois.....
Ça vous console, une pipe de terre,
Ça vous console, une pipe de bois !

J'arrive enfin à la caserne :
Hier conscrit, demain soldat — ah !
Je fis gaîment ce qui concerne,
Bon et mauvais, tout mon état — ah !
Et la cuisine militaire
De la gamelle au seau de bois....
Ça vous embaume, une pipe de terre,
Ça vous embaume, une pipe de bois !

En avant ! trente kilomètres,
Mi-cuit ou trempé jusqu'aux os — oh !
Mais, à cheval sur mes deux guêtres,
Tout mon bagage sur le dos — oh !

Mais, me voici le locataire
Du régiment ou du bourgeois!
Ça vous égaie, une pipe de terre,
Ça vous égaie, une pipe de bois!

Quand les balles pleuvaient à verse,
Un autre et moi, nous faisions feu — euh!
Pan! une balle le renverse.
Vive la France! ô mère, adieu — euh!
Puis, en songeant au presbytère,
Il fit le signe de la croix....
Ça vous soulage, une pipe de terre,
Ça vous soulage, une pipe de bois!

Un coup de sabre dans la hanche,
A l'hôpital on m'avait mis — hi!
La sœur, avec sa coiffe blanche,
Me rappelait tout le pays — hi!
Je ne veux pas que l'on m'enterre
Loin des vallons et des grands bois....
Ça vous rappelle une pipe de terre,
Ça vous rappelle une pipe de bois!

Je suis libre. Ah! j'avais une aile
Pour partir, marcher et marcher — eh!
Voici, là-bas, toujours fidèle,
Toujours debout, le vieux clocher — eh!

Et mon champ de pommes de terre,
Et mon toit, au milieu des toits....
Ça vous enivre, une pipe de terre,
Ça vous enivre, une pipe de bois!

N° 16.
Les Enfants sans souci.

Les enfants sans souci,
Où sont-ils donc? les voici.
Où l'ont rit bien, c'est ici,
Chez les enfants sans souci !

Pour entrer dans les pioupious,
Il faut être sans le sou.

Pour entrer dans les lanciers,
Il faut être bon guerrier.

Pour entrer dans les hussards,
Il faut être bon gaillard.

Pour entrer dans les sapeurs,
Il faut être bon buveur.

Pour entrer dans les chasseurs,
Il faut être bon coureur.

Pour entrer dans les turcos,
Il faut être sans shako.

Pour entrer dans les marins,
Il faut être bien coquin.

Pour entrer dans les zouzous,
Il faut savoir boire un coup.

Pour entrer dans les dragons,
Il faut être bon garçon.

N° 17.
Les Exercices.

REFRAIN.

Pends ton sac,
Prends tunique et frac,
Prends aussi ton shako,
Prends encore ton flingot,
Prends enfin ton brillant bib'lot.

LA MANŒUVRE.

Il faut aller là-bas, là-bas,
  Manœuvrer dans la plaine ;
Il faut aller là-bas, là-bas,
  Manœuvrer, l'arme au bras.
Oui, soldat, en dépit de la peine,
Oui, soldat, faut faire branle-bas.

LA CIBLE.

Il faut aller là-haut, là-haut,
  Viser la lune pleine ;
Il faut aller là-haut, là-haut,
  Viser la lune au dos.
Oui, soldat, mets ton regard en veine,
Oui, soldat, ne manque pas l'oiseau.

LA PETITE GUERRE.

Il faut aller par monts, par vaux,
  Faire petite guerre ;
Il faut aller par monts, par vaux,
  Faire peur aux moineaux.
Mais, soldat, pour être militaire,
Mais, soldat, faut exercer *flingot*.

N° 18.
La Route.

REFRAIN.

En avant, militaire,
Bon voyage au troupier :
La marche est salutaire,
Ça dégourdit le pied.
On n'y prend pas la goutte ;
Mieux qu'en chemin de fer,
Nous attrapons en route
Un appétit d'enfer.
    Allons, soldats,
    Doublez le pas.

Ma foi, ce lourd bagage
Est bien un peu gênant :
L'on courrait mieux, je gage,
Sans tout ce fourniment.
Mais, bah ! un coup d'épaule,
Un cran au ceinturon !
La marche n'est pas drôle,
Mais le gîte est si bon !
    En avant, etc.

Quelqu'un dans sa giberne
N'a-t-il pas un couplet ?
Chanson vieille ou moderne,
Ça donne du mollet.
À mauvaise fortune
Il faut faire bon cœur,
Et vivre sans rancune,
Même de son malheur.
  En avant, etc.

Mais il pleut : c'est maussade,
Bah ! l'averse en chemin,
Avec la promenade,
C'est le plaisir du bain.
Pourtant, de peur de rhume,
L'on marche plus gaillard ;
Le sac n'est pas de plume,
Gare à la soupe au lard.
  En avant, etc.

Mais voici la chaumine
Et le toit du fermier :
Soldat, pas de rapine,
Respect à l'espalier.
Qu'on soit honnête et sage ;
Tâchons que l'habitant,

Gais oiseaux de passage,
Nous regrette en partant.
En avant, etc.

N° 19.

La Marche du régiment.

Plein de fierté, plein de vaillance,
Au bruit du tambour et des chants,
Le régiment marche en cadence.
Salut à vous, nobles enfants !
La foule accourt, joyeuse et fière,
Pour voir passer ses chers soldats.
Quand sonne la marche guerrière, } *bis.*
Les enfants même vont au pas.

REFRAIN.

Allons, soldats, marchons en file,
Quand par les airs roulent tons les tambours ;
Par monts, par vaux, d'un pas agile,
Pour la France et pour le devoir, toujours !

Dans leurs mains le fer étincelle,
Jetant au loin ses fiers éclats ;
Leur cœur est haut, leur marche est belle ;
Le sol s'ébranle sous leurs pas.
Ils vont, soulevant la poussière,
Comme un tourbillon frémissant,
Et de leur ardente paupière, ⎫
S'échappe un regard menaçant. ⎭ bis.

Salut à vous, bataillons héroïques,
Noble espérance du pays !
Rappelant nos gloires antiques,
Sachez vaincre nos ennemis.
Suivez, joyeux, votre carrière ;
En vous repose l'avenir ;
Et bientôt, sur votre bannière, ⎫
Les lauriers pourront refleurir. ⎭ bis.

Fils des cités, fils des campagnes,
Méprisant un lâche repos,
Réveillez l'écho des montagnes ;
Luttez, et soyez des héros.
En avant, vigilante armée,
Sois la terreur des ennemis !
Français, reprenez la framée ⎫
Que les Francs brandissaient jadis. ⎭ bis.

N° 20.
En Terrain varié.

En avant !
Brave régiment !
Va sur la route poudreuse,
Poursuis ta marche joyeuse.
En avant !
Brave régiment !

Le front haut,
Portant son drapeau,
Toute la troupe guerrière
S'élance dans la carrière,
Le front haut,
Portant son drapeau.

Sac au dos,
Voyez ces héros :
Nul ne se plaint de la peine,
Tous chantent à perdre haleine.
Sac au dos,
Voyez ces héros.

Sur les monts,
Hardis bataillons,
Déployez votre vaillance ;
Allez, espoir de la France,
Sur les monts,
Hardis bataillons.

Sur les pas
Des vaillants soldats,
Semble marcher la victoire :
Le clairon sonne la gloire
Sur les pas
Des vaillants soldats.

Quand viendra
L'heure du combat,
Vous irez, sombre avalanche,
Prendre enfin votre revanche,
Quand viendra
L'heure du combat.

En avant !
Brave régiment !
C'est pour Dieu, pour la patrie,
Pour la France, qui vous crie :
En avant !
Brave régiment !

N° 21

La Cantinière.

Voulez-vous, à quatorze sous,
Dîner, souper, rire et boire encor de } *bis.*
[bons coups ?
Moi, je connais l'endroit. Par file à droite !
Le cabaret est borgne, et chaque table y boîte...
Entrons quand même, nom d'un nom,
Car chez la cantinière y a quéqu'fois du } *bis.*
[bon.

Le dîner fume dans les pots ;
Allons, cuiller en main, mangeons les } *bis.*
[haricots.
Ça coule aux doigs... la sauce est un peu claire !
— Y en a pour votre argent, vous plaignez
[pas compère ;
Et, si vous êt' un peu glouton,
La cantinière il a-z-aussi du bon jambon. } *bis.*

La cuisine est faite avec art,   ⎫
Et, se léchant les doigts, je vois plus ⎬ bis.
　　　　　[d'un grognard.   ⎭
Je dis ses doigts, car ils servent d' fourchette;
On pique là-dedans et la vaisselle est faite :
　　Encore, on trouve avec raison   ⎫
Que la cantinière il fait trop maigre ⎬ bis.
　　　　　[ration.   ⎭

　　De la soupe on tire parfois   ⎫
Des cheveux longs d'une aune, avec les ⎬ bis.
　　　　　[petits pois.   ⎭
　Ma foi! faut pas que cela vous dégoûte;
C'est l'aimable entremets qu'au fricot l'on ajoute.
　　Voyez, elle a cru sans façon,   ⎫
La cantinière, qu'on adorait son chignon. ⎬ bis.

　　Avant d'y aller, faut d'argent :   ⎫
On n'y fait pas à l'œil et l'on paye ⎬ bis.
　　　　　[comptant.   ⎭
　Avez-vous pris bière, *ganache* ou litre ?
Ou passez au comptoir ou passez par la vitre !
　　Ne faites pas le beau garçon,   ⎫
La mégère, aux beaux yeux préfère ⎬ bis.
　　　　　[l'écu rond.   ⎭

N° 22.

Chez la bonne Vieille.

Qui frappe à la porte? holà!
— C'est un soldat, et le voilà.
— Entrez, entrez, bon militaire,
Laissez-là votre sac par terre;
Quel bon vent vous amène ici?
Vous tremblez, venez, l'âtre fume.
— Bah! craignez-vous que je m'enrhume?
Merci, bonne vieille, merci!

— Comme vous paraissez rompu!
Pauvre soldat! si j'avais pu,
J'aurais préparé toute chose...
Maintenant chaque porte est close,
Et l'on n'a pas tout à merci:
— Et ce lard, ces choux... que veut dire
Rentrez tout ça... vous voulez rire?
Merci, bonne vieille, merci!

Mais l'hôtesse n'entendait rien;
Faisant les parts, taillant le pain,
Jusqu'au bord elle emplit le verre.

— Assez, assez ! mais pourquoi faire ?
Dites, pourquoi tout ce souci ?
Vous n'y pensez plus, bonne vieille !
Vite, ôtez-moi cette bouteille :
Je n'ai pas soif, allez, merci !

— Buvez, mangez, n'ayez pas peur :
Je donne peu, mais de bon cœur.
Ah ! vous êtes bien las ! sans doute,
On vous fait faire longue route ;
Mais, vous vous reprendrez ici.
Vous serez mieux sur cette chaise :
Refaites-vous tout à votre aise,
Et vous direz après merci !

— Je n'ai plus faim, je n'ai plus froid ;
Oh ! qu'on est bien sous votre toit !
Mais quel est ce lit que l'on range ?
Que faites-vous ? et votre grange ?
— Venez, vous êtes tout transi !
Vite, allons, sous la couverture !
Ah ! vous avez la tête dure !
— Vous le voulez ? Bonsoir, merci !

... A l'horizon point le soleil,
Le tambour bat ... c'est le réveil.
— Il faut vous quitter, bonne hôtesse !

Ah ! je m'en souviendrai sans cesse ;
Longtemps mon cœur dira merci !
— Mon Dieu ! de rien, bon militaire :
Je me souviens que je suis mère,
Et que Pierre est soldat aussi.

N° 23.

Le Village.

Voyez-vous au loin,
Bien loin,
Poindre mon village ?
Avez vous vu sur le coteau,
Abandonnant son pâturage,
Revenir au toit, mon troupeau ?

REFRAIN.

Lieu de mon enfance,
Nid de mes amours !
A toi seul je pense,
A toi seul, toujours !

Ce feu, dans la nuit,
        Qui luit,
    Est-ce ma chaumière ?
Est-ce là que, filant le lin,
Tout en pensant à moi, ma mère
Gagne le pain du lendemain ?

    L'horizon lointain
        S'éteint ;
    Déjà l'âtre fume ;
Tout autour on s'est rassemblé,
Et moi, loin d'eux je me consume,
Moi, pauvre soldat exilé.

    J'aimais à revoir,
        Le soir,
    Quand vient la veillée,
Les jeunes gens dansant en rond,
Et, de sa voix tout éraillée,
La vieille entonnant sa chanson.

    Bonheur, liberté,
        Gaîté,
    C'est là l'apanage
Qui fait riche l'homme des champs.
Bon laboureur, vite à l'ouvrage :
A tes labeurs mêle tes chants.

Bois, plaines et monts,
Vallons,
Verdoyant royaume,
Vous régnez toujours sur mon cœur;
Ah! c'est bien sous mon toit de chaume,
Qu'hélas! j'ai laissé mon bonheur!

Vers l'ancien manoir,
Le soir,
La troupe joyeuse
Allait bras dessus, bras dessous,
Pour y danser, insoucieuse,
Et chanter ses refrains si doux.

Et quand, radieux
De feux,
Irrisant la nue,
Apparaissait l'astre du jour,
Gai, je reprenais ma charrue;
Et le temps me semblait trop court.

Que j'eus du beau temps,
Vingt ans,
Vingt ans de ma vie!
Beaux jours tissus de soie et d'or
Que maintenant, hélas! j'expie
Aux lieux où m'envoya le sort.

Mais, à mon retour,
Un jour,
Ma douce chaumine
Saura consoler tous mes maux;
Et de nouveau, sur la colline,
Je mènerai mes blancs agneaux.

N° 24.

Le Chouet Sergent.

REFRAIN.

Vive le bon, le bon sergent!
Vive le sergent bon enfant!
  Il a joyeuse trogne
  Et jamais il ne grogne.

Il avait trois *brisques* au bras,
Des médailles et des crachats,
Glorieux débris de victoire!
On l'appelait *Père-la-Gloire*.
Malgré cela, pas orgueilleux,
Il nous amusait, le bon vieux!
Sans avoir mine de s'en croire,

Toujours bonhomme et bon enfant,
Ah! c'était un *chouet* sergent!

Quand la classe amenait les *bleus*,
Avec des larmes dans les yeux,
Le sergent disait : « Venez boire,
Mes agneaux, c'est pas là l'histoire...
Que diable! on pleurera plus tard. »
C'était le *chic* de ce *briscard* :
Sans avoir mine de s'en croire,
Toujours bonhomme et bon enfant,
Ah! c'était un *chouet* sergent!

A la manœuvre il les menait,
Et les mettait bien vite au fait :
« Bah! ce n'est pas la mer à boire!
Ecoutez bien cette balançoire,
Ça se fait en deux mouvements :
Reposez arme — les enfants ? »
Sans avoir mine de s'en croire,
Toujours bonhomme et bon enfant,
Ah! c'était un *chouet* sergent!

A la chambre il fallait le voir,
Lorsqu'après la soupe du soir,
Il frisait sa moustache noire :
Toujours d'humeur, *Père-la-Gloire*!

Allons, contez-nous vos exploits,
Ousque vous avez pris vos croix?
Sans avoir l'air de vous en croire,
Toujours bonhomme et pas méchant.
Ah! vous êt' un *chouet* sergent!

— Je suis sergent, petit moutard,
Et j'aime pas qu'on soit cafard :
La théorie est un grimoire
Qui, si l'on a de la mémoire,
Vous mettra des galons au bras.
Eh! quand on les prend aux combats,
Vraiment, l'on peut mieux s'en croire,
Père-la-Gloire bon enfant;
Ah! vous êt' un *chouet* sergent!

Croyez-moi, z-enfants, marchez droit;
Cela vous sert plus qu'on ne croit.
Je si' pas méchant, c'est notoire;
Mais, quelquefois, j'ai l'humeur noire;
Et, lorsqu'on n'est pas *à hauteur*,
Je flanque au clou — c'est de rigueur.
— Bah! vous voulez le faire croire :
Ah! vous êtes trop bon enfant,
Vous êtes trop *chouet*, sergent!

N° 25.
Les Sous-Grades.

Quel est ce pauvre diable,
Au regard langoureux,
A mine pitoyable,
Au ventre toujours creux?
Il va, vient, se promène,
L'arme au bras — c'est l'Etat.
Vrai baudet de semaine...
Messieurs, c'est le soldat !
Sur l'air du tra, la la la la
Sur l'air du tra, la la la la ;
Sur l'air du tra, de ri dera.
    Et la la là !

Couché sur sa guenille,
Pauvre boucheur de trous,
Qui vit de son aiguille
Et bûche pour deux sous !
Ce faiseur de culottes,
Remarquable parleur,
Use fort peu ses bottes...
On connaît le *tailleur*.

Les talons, les semelles,
Il fait tout bon marché ;
Pour les modes nouvelles
Il n'est pas trop bouché.
Voyez cette savate!
Ça va faire un soulier :
Le luron qui s'en flatte,
Messieurs, est *cordonnier*.

Celui dont le fouet claque
Sur le dos du mulet,
Et qui fait le cosaque
Sur son manche à balai!
Pour les longues oreilles,
L'âne va le premier ;
Oh! mais pour les bouteilles,
Va devant, *muletier!*

Voulez-vous qu'on vous brosse,
Vous qu'avez de l'argent?
Donnez-moi votre crosse,
Volontaire ou sergent.
Quand c'est moi que j' l'astique,
Vot' sabre a du bonheur!
Allons, votre pratique,
Messieurs, je suis *brosseur!*

Deux coups de poing de masse
Et deux coups de revers :
Rompez, et volte-face,
Sans aller de travers.
Allons, marchez en quatre,
Et le poing à hauteur.
Messieurs, qui veut se battre ?
Voilà le chef *boxeur*.

Deux appels sur la planche ;
Engagez, dégagez,
Bien assis sur la hanche,
Fendez-vous, déployez.
En garde, parez quinte !
— Ton masque me fait peur,
Et ton fleuret m'esquinte ;
Au diable l'*escrimeur !*

Eh ! là-haut ! de l'échelle,
Ne fais pas ton malin ;
C'est connu, ta ficelle,
Doucement, cabotin.
Voyez-le sur la barre
Comme il fait l'amateur.
Mais si ça casse, gare !
Adieu le *moniteur !*

Celui qui toujours trotte
Auprès des gros bonnets,
Plus d'un revers de botte
Lui tombe sur le nez.
L' chien de Jean de Nivelle
Avait moins de tourment...
Lui, vient quand on l'appelle,
Le *planton permanent*.

Il bat la grosse caisse,
Souffle dans l'instrument :
Le *godillot* le blesse :
— Des bottines, maman !
Parlez-lui de la cible,
L'œil gauche n'y voit rien.
La marche ! oh ! c'est horrible...
Voilà le *musicien*.

Quand il ouvre sa trousse,
Je tremble pour ma peau ;
Son rasoir qui s'émousse
Emporte le morceau.
— Faut pas que ça vous étonne,
Dit-il, c'est le métier :
Ça vaut l'argent qu'on donne,
Messieurs, au *perruquier*.

A vos rangs ! qu'on ne bouge !
Son costume est brillant,
Et le pantalon rouge
Est devenu tout blanc.
Il nage dans la graisse,
Qui goutte à son tablier ;
Pourtant, chacun se presse
Autour du *cuisinier*.

N° 26.

Le Fricoteur.

REFRAIN.

Connaissez-vous le fricoteur ?
Il met sa gloire
A rire, à boire :
Connaissez-vous le fricoteur ?
Triste soldat, soldat sans cœur !

Le fricoteur est un *oiseau*
Qui fait la chasse au bon morceau,
A la bouteille, à la bombance,
A tout ce qui flatte sa panse.

Le fricoteur aime le vin :
Pour le sentir, il est malin.
Il ne trouve l'humeur guerrière
Que dans café, liqueur ou bière.

— Le fricoteur sait se ganter,
Se tailler l'ongle et se friser,
Se mettre au bras belle manchette,
Au cou brillante collerette.

Le fricoteur sur le trottoir,
Pour parader, vient, chaque soir,
Le nez au vent, l'œil à la piste,
Etalant sa mine égoïste.

Le fricoteur, alerte au bal,
Pour la marche est toujours bancal :
Si le violon le rend ingambe,
Le clairon le trouve sans jambe.

Le fricoteur dans le chenil
Laisse en paix dormir son fusil ;
Il est très-fort à l'*aslicage*,
Mais lorsqu'il s'agit du visage.

Le fricoteur est un manchot
Pour la toilette du bib'lot :

Dans l'encaustique et le cirage
Il salirait son beau plumage.

Le fricoteur, de cent façons,
Fait sauter corvée et leçons;
S'il s'agit de prendre la garde,
Il sait trouver mine blafarde.

Le fricoteur est emprunteur:
C'est le premier pas du voleur;
L'estomac geint, la bourse est vide!..
Ventre affamé n'est pas timide.

Le fricoteur est sans souci;
Il ne fut jamais bon ami :
Chefs et soldats lui font la frime
Et n'ont pour lui que peu d'estime.

Le fricoteur a grand renom;
On le connaît, on sait son nom :
C'est un soldat de *pacotille*
Qui partout passe pour *guenille*.

De l'honneur, hélas! il fait fi!
Jamais leçon lui fit profit,
De ce soldat sauve la France,
Grand Dieu, sans quoi plus d'espérance

N° 27.

Le Soldat de ligne.

Gloire au soldat de ligne !
Sa constante valeur
Le rendra toujours digne
De respect et d'honneur ! *(bis)*.

Obéissant et brave,
Et servant sans chagrin ;
De son devoir esclave,
Tel est le fantassin *(bis)*.

Il aime sa chaumière
Et son humble clocher ;
Mais toujours, l'âme fière,
Il est prêt à marcher *(bis)*.

La nuit, au clair de lune,
En plein soleil, le jour,
Il porte sa fortune,
Guidé par le tambour *(bis)*.

Faut-il livrer bataille
Ou monter à l'assaut?
Il brave la mitraille
Et porte le front haut *(bis)*.

Sans-lui, point de victoire ;
Le combat est son lot ;
Il écrit notre histoire
Avec son chassepot *(bis)*.

S'il tombe pour la France,
Frappé dans le combat,
Il reçoit la souffrance
Sans plainte, en vrai soldat *(bis)*.

Il voit la mort en face,
Il a fait son devoir !
Et c'est en Dieu qu'il place
Son plus certain espoir *(bis)*.

S'il revient du voyage,
Sans reproche et sans peur,
Il retrouve au village
L'estime et le bonheur *(bis)*.

N° 28.

Le Soldat du train.

Sous son gris uniforme,
   Le soldat du train,
Que l'on veille ou qu'on dorme,
   Poursuit son chemin.
En chantant, il s'avance,
   En pays ami :
Mais il marche en silence,
   Près de l'ennemi.
Vive! vive! le soldat du train,
   Au joyeux refrain,
   Toujours plein d'entrain,
Le soir ainsi que le matin.

Comme la Providence
   Fournit à l'oiseau
Le grain en abondance,
   Un soyeux manteau ;
Au soldat elle donne,
   A chaque moment,
Nourriture bonne

Et chaud vêtement.
Vive! vive! le soldat du train!
   Sans lui, point de pain,
   Sans lui, point de vin;
Sans lui le troupier meurt de faim.

  Lorsque le canon gronde,
    Semant le trépas,
  Et couchant à la ronde,
    Nos braves soldats,
  Il va dans la bataille,
    Toujours empressé,
  Jusque sous la mitraille,
    Chercher le blessé.
Vive! vive! le soldat du train,
   Charitable, humain,
   D'un secours certain
Au cavalier, au fantassin!

  Il laisse la victoire
    Aux autres soldats;
  Mais il conquiert la gloire
    Dans certains combats;
  S'il voit, pendant la route,
    Son convoi surpris,
  Il sait mettre en déroute

Ses fiers ennemis.
Vive! vive! le soldat du train,
　　Repoussant soudain,
　　Le sabre à la main,
L'impudent qui l'attaque en vain.

N° 29.
Le Chasseur à pied.

Un jour, si nous avons la guerre,
Qui, le premier, à la frontière,
Pourra déployer sa valeur?
　　C'est le chasseur!...
Qui jette le gant à la face
De l'ennemi qui nous menace,
Qui veut la victoire ou la mort!
　　C'est le chasseur encor!

En garnison, comme en campagne,
Qui fait retentir la montagne
De ces refrains chantés en chœur?
　　C'est le chasseur!
Sous la tente, convive aimable,
Qui donc, sans souci de la table,
A la gaîté donne l'essor?
　　C'est le chasseur encor!

Qui part comme un éclair rapide,
Se montre toujours intrépide,
Et reste fidèle à l'honneur?
    C'est le chasseur!
Qui saura mordre la poussière,
Plutôt que de rendre, à la guerre,
Son drapeau, glorieux trésor?
    C'est le chasseur encor!

En tirailleur, sous la mitraille,
Qui donc, tombant dans la bataille,
Regarde la mort sans frayeur?
    C'est le chasseur!
Pourtant la vie est bonne :
C'est un trésor que Dieu nous donne,
Qui, là-dessus, tombe d'accord?
    C'est le chasseur encor!

Hourra? qui toujours l'âme fière,
Est prêt à finir sa carrière
Dans les combats, au chant d'honneur?
    C'est le chasseur!
Car, pour son Dieu, pour sa patrie,
Qui jura de donner sa vie
Avec bonheur, avec transport?
    C'est le chasseur encor!

N° 30.
Le Chasseur à cheval.

Lorsque là-bas, tout, dans la plaine,
  Repose et dort ;
Quand, la nuit, le vent se déchaîne,
  Soufflant du Nord,
Quelle est donc cette silhouette,
  Sur la hauteur ?
C'est une immobile vedette,
  C'est un chasseur !

REFRAIN.

 Hardi chasseur,
 Défends l'honneur
De notre France alarmée :
 Prudent et muet,
 Tiens l'œil au guet,
Eclaire et guide l'armée.

L'ennemi menaçant s'avance,
  A pas discrets ;
Il faut connaître sa puissance
  Et ses projets.

En avant, chasseur, vite en selle !
    A toi l'honneur
De montrer, le premier, ton zèle,
    En éclaireur.

Déjà le cri : Vive la France !
    A retenti :
Le combat en mêlée immense
    S'est converti.
Sabre au poing ! charge en bataille,
    Brave chasseur !
On te connait dans la mitraille,
    A ta valeur !

Celui qui reste inaccessible
    A la frayeur,
Fait pénétrer la mort terrible
    Chez l'agresseur.
D'ailleurs, mourir est chose belle
    Pour ton pays.
L'honneur et la gloire immortelle
    Te sont promis.

Au fond des déserts de l'Afrique,
    Chez l'Allemand,
En Crimée ou bien au Mexique,
    Tu vis gaiment.

Qu'importe le temps que Dieu donne !
    La bonne humeur
Jamais, qu'on sache, n'abandonne
    Le vrai chasseur.

Chasseur d'Afrique ou bien de France,
    Ton bleu dolman
Redit à tous ces mots : Vaillance,
    Ardeur, élan !
Qu'il soit, en tout lieu et sans cesse,
    Comme un danger,
Une vision vengeresse
    Pour l'étranger.

N° 31.
Le Dragon.

Pour être un franc militaire,
Un véritable dragon,
Il faut narguer la misère,
N'avoir pas peur du canon.
Il faut encore avec grâce
Porter le casque d'acier,
Dont la crinière en l'espace,
Flotte aux vents sur le cimier.

REFRAIN.

En avant, dragons, en avant!
Voilà le cri du régiment.
   Lorsque le canon tonne,
   Que la trompette sonne,
  En avant! en avant!
   Pour l'honneur de la France,
   Luttons avec vaillance,
En avant, dragons, en avant!

Il faut apprendre à se taire
Quand commande l'officier :
Remplir un devoir austère
Honore le vrai guerrier.
Il faut, lorsque le pain manque,
Déjeûner d'une chanson ;
Ne pas envier la banque,
Quand l'argent fuit sans façon.

Il faut demeurer en place,
Malgré les feux du soleil,
Malgré la neige et la glace,
Et se passer de sommeil ;
Il faut coucher sur la dure,
Subir la fureur du vent,
Voyager sur sa monture,
Jour et nuit, toujours gaîment.

Il faut savoir faire usage
Du sabre et du mousqueton,
Combattre avec avantage
En ligne et par peloton.
Il faut, lorsque la mitraille
Creuse ses sillons sanglants,
S'élancer dans la bataille,
Enfoncer les régiments.

Il faut frapper sans relâche,
Sans attendre le renfort ;
Un dragon n'est jamais lâche,
Il sait mépriser la mort ;
Aucun danger ne l'arrête
Pour défendre l'étendard,
Il lui fait, dans la tempête,
De son corps un sûr rempart.

Il faut conserver entière
La foi du pays natal,
Qui sait inspirer en guerre
Un courage sans égal.
Il faudra, dans la chaumière,
Près de la croix du foyer,
Mettre une image guerrière,
En souvenir du métier.

N° 32.
Le Hussard.

Sur ton coursier, hardi luron,
Ventre à terre et sans peur, pique de } *bis.*
[l'éperon.

— Le cheval court, son naseau fume,
Et de partout goutte l'écume.
Holà ! place : c'est le hussard,
Le pistolet au poing, l'air sombre, l'œil } *bis.*
[hagard !

Le cheval et lui ne font qu'un ;
Et, la crinière au vent, son arabe au poil } *bis.*
[brun

Rappelle la cavale agile
Que pique aux flancs l'ardent kabyle.
Holà ! place : c'est le hussard
S'élançant au combat, terrible et l'œil } *bis.*
[hagard !

Les larges plis de son dolman,
Comme un nuage noir sur l'horizon san- } *bis.*
[glant,

Flottent et dévorent l'espace :
Les cadavres jonchent sa trace.

Holà ! place : c'est le hussard,
La carabine au bras, farouche et l'œil [hagard !] } bis.

Les fantassins sont déroutés,
La retraite a battu... l'on fuit de tous côtés. } bis.
« Sauver la France est notre tâche :
C'est notre tour... et mort au lâche !...
Holà ! place : c'est le hussard,
Fumant de sang, tout noir de poudre et [l'œil hagard !] } bis.

Mais, de retour du champ sanglant,
L'élégant cavalier, au costume éclatant, } bis.
N'est plus qu'un joyeux camarade.
Le voyez-vous comme il parade !
Holà ! place : c'est le hussard,
Qui fait de l'œil et se dandine au boulevard ! } bis.

N° 33.
L'Artilleur.

REFRAIN.

L'airain mugit, la terre tremble :
Dans son creuset le fer se tord,
Et de loin l'artilleur ressemble
    Au démon de la mort.

Les canons sont rangés... La bataille com-
    Et, pour se mêler à la danse,   [mence,
    L'artilleur attend le signal.
Soudain, au cri de : « feu ! »... le bronze s'il-
    Et la meurtrière couleuvrine,   [lumine,
    A craché son boulet fatal !

Maniant comme un jouet l'énorme catapulte,
    L'hercule, au milieu du tumulte,
    Trace son sillon à l'obus ;
Et son œil enflammé, qui guide la mitraille,
    Plongeant sur le champ de bataille,
    Compte les crânes abattus.

L'ouragan déchaîné près de lui tourbillonne...
    Le boulet ennemi résonne
    En rebondissant sur l'airain.
Il entend le bruit sourd du fer qui s'entrechoque,
    Et le mourant à la voix rauque
    Qui sur le sol râle et se plaint !

Lui pourtant, au milieu du sanglant cataclysme,
    Poussant jusqu'au bout l'héroïsme,
    Recharge son canon ardent.
La sueur de son front descend en grosse goutte !
    N'importe ! il faut que sur sa route,
    Le fer moissonne un nouveau rang.

Dans cet amas de corps étendus pêle-mêle,
  Le boulet coupe par parcelle
  Les cadavres déjà meurtris.
La mort frappe en aveugle! et l'artilleur féroce
  Voudrait dans une même fosse
  Engloutir tous ses ennemis.

Mais, si le sort cruel a trompé sa vaillance,
  Le brave accomplit sa vengeance
  Et la consigne qu'il reçut.
Pour sauver son canon, l'artilleur se dévoue,
  Arrête sa pièce et l'encloue,
  Puis se fait tuer sur son affût.

N° 34.

Le Zouave.

Culotte rouge et guêtre en cuir,
Toujours avancer, jamais fuir,
  Voilà le vrai zouave :
Zouzou, veille bien, le doigt sur le chien !
  Au feu comme à la cave,
  Non, tu n'as peur de rien !

Le zouave n'est pas bancal ;
Il marche comme le chacal ;
 Mais, quand la halte sonne,
On entend dindon, gamelle et bidon ;
 Puis tout dort, plus personne :
 Du foin pour édredon.

S'il faut prendre un fort à l'assaut,
Il est, comme un chat, vite en haut.
 En avant la culbute !
A lui tout l'hôtel, tout le riz, pain, sel ;
 Et gaiement il permute
 Avec le personnel.

Dans la tranchée il va rampant,
A plat ventre, comme un serpent,
 Et fait double exercice
Avec le *flingot*, la cuillère à pot,
 En attendant qu'il puisse
 Remontrer son jabot.

Pour passer l'eau sans caleçon,
Il y saute comme un poisson.
 Qui séchera l'étoffe ?
Et la soupe au lard, et puis le départ...
 Pour être philosophe,
 Faut être un peu canard.

Messieurs, faut pas vous déranger,
Quand le zouave va charger
   Avec sa longue aiguille :
Alors il vous coud l'ennemi partout,
   Comme une alerte fille,
   Et la doublure et tout.

Pour se battre, il n'est pas capon,
Pour bien vivre, à lui le pompon :
   Il aime Dame Jeanne ;
Mais au feu, s'il faut sauver le drapeau,
   Il est toujours très-crâne
   Pour y laisser sa peau.

N° 35.

Le Clairon.

REFRAIN.

En avant ! le clairon sonne !
Il gémit, il jure, il tonne !
— Hache en main ! fier bûcheron ! —
Ardent, de feu, le teint hâve,
Il met du sang, le vieux brave,
Et des larmes dans son clairon.

6

La mitraille faisait rage,
Et la fureur de l'orage
Courbait déjà bien des fronts.
Vainqueur, l'ennemi s'avance,
Et l'étoile de la France
Va subir d'autres affronts.

Mais, soudain, dans la tempête,
La belliqueuse trompette
Jette ses sons éclatants.
C'est le vieux clairon qui crie :
Halte-là! qu'on se rallie!
Il reste des combattants.

A sa voix l'on se rassemble :
Et le vieux clairon qui ressemble
Au Titan de ce combat,
Le premier, montrant la route,
Entraîne vers la redoute
Ces héros que rien n'abat.

Et, bravant mainte décharge,
Il va sonnant la charge,
Courant droit aux ennemis.
Sous ses pieds l'obus éclate ;
Mais lui, fier, sonne et se hâte,
Electrisant ses vieux amis.

Il va dominant l'orage :
La mort pleut sur son passage
Moissonnant tout, à l'entour.
Lui-même, un boulet le frappe!
A grands flots le sang s'échappe :
Hélas! c'était à son tour.

Sa blessure était mortelle
Et le vieux clairon chancelle!
Mais, d'un effort surhumain,
Ce brave que rien n'effraie,
D'une main serre sa plaie,
Et sonne de l'autre main.

Et sa poitrine haletante
Souffle une note stridente,
Cri suprême du mourant!
C'est la plainte vengeresse
Que la patrie en détresse
Pousse au ciel en combattant.

Et le sang du clairon fume,
Pendant qu'une noire écume
Sur ses lèvres se répand.
Mais, à cette heure suprême,
Il sonne, sonne quand même
Le refrain du combattant.

Quand, chassé de sa redoute,
L'ennemi fuit en déroute,
Le lion cesse de rugir :
Sa dernière tâche est faite ;
Alors le clairon s'arrête
Pour achever de mourir.

N° 36.
Le Cri de guerre.

Lorsque la paix vient consoler la terre,
L'espoir sourit sur nos fronts radieux :
Les bruits mourants, les foudres de la guerre,
N'apportent plus qu'un écho glorieux.
Mais, quand prenant sa trompette guerrière,
La France appelle au combat ses enfants,
Tous, à la fois, volent sous sa bannière,
Et de partout sortent des combattants.

REFRAIN

Quand du canon la voix retentissante
Jette aux échos le signal du combat ;
Lorsque la France arme sa main puissante,
Tout est soldat, tout est soldat.

Pour protéger le sol de la patrie,
Tous les Français, aussi prompts que l'éclair,
Se rappellent leur antique furie :
Nul ne frémit sous la grêle de fer.
Faut-il du sang pour rougir les batailles ?
Faut-il de l'or pour armer nos soldats ?
Un cri répond : prends tout, prends nos entrailles,
Prends nos sueurs, prends nos cœurs, prends
    Quand du canon.....   [nos bras.

Quand le tambour passe là dans la rue,
Chacun saisit le glaive ou le fusil :
Le laboureur laisse là sa charrue ;
A l'atelier, on n'entend plus l'outil.
L'enfant bondit dans les bras de sa mère,
Et, souriant espoir du lendemain,
Marque déjà la mesure guerrière
En agitant, joyeux, ses faibles mains.
    Quand du canon.....

N° 37.
Le Drapeau.

Lorsque le régiment défile,
  Clairons sonnant, tambours battant,
Il flotte, frangé d'or, d'un large pli tranquille,

Sur la moisson d'acier, au soleil éclatant,
    En ces jours de douce espérance,
    Il est paisible, fier et beau :
A son ombre travaille, aime et grandit la France.
        Bas le chapeau !
        C'est le drapeau.

    Quant au combat roule l'armée,
    Pour la victoire ou pour la mort,
Dans les éclairs du feu, dans les flots de fumée,
Il s'effare, il avance, il résiste, il se tord.
    Etendard de sa délivrance,
    Ou son linceul dans le tombeau,
Autour de lui combat et triomphe la France.
        Bas le chapeau !
        C'est le drapeau.

    Quand il revient troué de balles,
    Sanglant, au milieu des vainqueurs,
S'élèvent dans les fleurs les arches triomphales,
Battent toutes les mains, palpitent tous les
    Au bout défraîchi de sa lance,   [cœurs !
    S'il ne pend plus qu'un noir lambeau,
Devant lui s'agenouille et s'embrasse la France.
        Bas le chapeau !
        C'est le drapeau.

N° 38.
Le Retour.

Ah! je l'entends, l'airain de mon village,
Je le revois son antique clocher!
Mon cœur ému palpite davantage
A chaque pas qui m'en fait approcher.

REFRAIN.

Oiseaux, volez au-devant d'une mère,
Annoncez-lui le retour de son fils.
La trouverai-je au seuil de sa chaumière,
Filant le lin de ses doigts amaigris?

Ah! rendez-moi ma chaumière bénie,
Et mes chansons, et mes agneaux tout blancs?
O mère, ô sœur, mon âme est attendrie,
Au souvenir de nos embrassements.
      Oiseaux, volez...

Mais j'aperçois une jeune bergère
Dont la démarche est pleine de douceur.
Ciel! tour à tour, je frémis et j'espère...
Ah! si j'allais reconnaître ma sœur!
      Oiseaux, volez...

Louis, mon frère! allons vers notre mère,
Qui, nuit et jour, ne fait que soupirer :
Viens l'embrasser, viens, frère, ô mon bon frère!
Et sur son cœur tous ensemble pleurer.
   Oiseaux, volez...

Lui, transporté que sa mère respire,
Avec sa sœur, il vole, plein d'espoir ;
Et cette vieille, éperdue, en délire,
Ne peut jamais se lasser de le voir.

REFRAIN.

Oiseaux, volez au-devant d'une mère,
Annoncez-lui le retour de son fils.
Je l'ai trouvée au seuil de sa chaumière,
Filant le lin de ses doigts amaigris.

N° 39.

Le Retour.

Bonsoir, ma bonne mère,
Me voici revenu ;
Sous l'habit militaire
M'auriez-vous reconnu?

C'est que ça change un homme,
Au physique s'entend :
Dans le cœur, c'est tout comme
C'était auparavant.
Et ran plan plan plan plan !
Et ran plan plan, adieu régiment !

C'est heureux que j' revienne,
Au bout de trente-six mois,
Sans pour cela que j' traine
Une jambe de bois.
Faut bénir Dieu, ma mère,
Qui t'a rendu ton gas,
De retour de la guerre
Avecque ses deux bras.
Et ran plan plan plan plan !
Et ran plan plan, adieu régiment !

Pourtant, c'est pas ma faute
Si j'ai gardé ma peau.
J'ons pas peur... saperlotte !
De gober le pruneau :
C'est moi qu'à Gravelotte,
Ai porté le drapeau,
Tirant mainte *carotte*,
Et toujours à l'assaut.

Et ran plan plan plan plan !
Et ran plan plan, adieu régiment !

J'ai bien eu quelque entaille
En faisant ce jeu-là :
Ma foi ? pas de bataille
Qui se passe sans ça.
On finit par s'en rire
Des boulets, du fracas,
Et l'on semble leur dire :
Moi, ça ne me r'garde pas.
Et ran plan plan plan plan !
Et ran plan plan, adieu régiment.

Maintenant, au village,
J' vas trouver le repos,
Car cela vous soulage,
Nos rustiques travaux.
Mais pourtant, si la guerre
Vient à gronder par là,
Debout ! en avant, Pierre !
Je dirai : me voilà !
Et ran plan plan plan plan
Et ran plan plan, adieu régiment!

N° 46.

Dieu et Patrie !

A genoux ! prie,
Et debout ! feu !
Ici-bas, la patrie,
Et, là-haut, le bon Dieu.

Sachons aimer deux choses en ce monde :
Dieu qui créa la terre où nous vivons,
Qui dans les cieux l'éclaire et la féconde,
Fait nos bras forts, nos cœurs justes et bons ;
Aimer le sol natal où nos ancêtres
Ont une tombe, et leurs fils, un berceau ;
Ingrats déjà, bientôt nous serions traîtres
Et l'étranger romprait notre faisceau.

A genoux ! prie,
Et debout ! feu !
Ici-bas, la patrie,
Et, là-haut, le bon Dieu.

Sachons défendre en ce monde deux choses :
Dieu notre espoir, la force et la vertu
Pour l'humble effort et pour les grandes causes;
Car vivre bien, c'est avoir combattu ;
Défendre encor le sol au blé superbe
Qui nourrit l'homme et nourrit le troupeau,
Couvre de fleurs votre fosse dans l'herbe,
O soldats morts, tombés sous le drapeau !

   A genoux ! prie,
    Et debout ! feu !
  Ici-bas, la patrie,
  Et, là-haut, le bon Dieu.

TABLE

Nos		Pages
1	Le Départ............................	1
2	Le Conscrit du Finistère.........	3
3	Jeannot s'en va-t-en guerre.....	6
4	Les Biscuits........................	9
5	La Gamelle.........................	11
6	La Gamelle de Bridouille........	14
7	Le Métier militaire...............	16
8	Asticage et Corvée................	19
9	L'Astiqueur........................	22
10	Le Métier rend sage.............	24
11	La Guérite........................	27
12	Un sou par jour..................	30
13	Le Tourlourou...................	33
14	N'en faut pas trop..............	34
15	La Pipe...........................	37
16	Les Enfants sans souci.........	39
17	Les Exercices....................	40
18	La Route.........................	42

19 La Marche du régiment........	44
20 En Terrain varié...............	46
21 La Cantinière...................	48
22 Chez la bonne vieille..........	50
23 Le Village.....................	52
24 Le *Chouet* sergent............	55
25 Les Sous-Grades................	58
26 Le Fricoteur...................	62
27 Le Soldat de ligne.............	65
28 Le Soldat du train.............	67
29 Le Chasseur à pied.............	69
30 Le Chasseur à cheval...........	71
31 Le Dragon......................	73
32 Le Hussard.....................	76
33 L'Artilleur....................	77
34 Le Zouave......................	79
35 Le Clairon.....................	81
36 Le Cri de guerre...............	84
37 Le Drapeau.....................	85
38 Le Retour......................	87
39 Le Retour......................	88
40 Dieu et Patrie.................	91

Le Puy. — Imprimerie J.-M. Freydier.

www.ingramcontent.com/pod-product-compliance
Lightning Source LLC
Chambersburg PA
CBHW070310100426
42743CB00011B/2423